ÉMAILLEURS

PÉKINOIS

PAR

MAURICE JAMETEL

Chargé du cours de langue chinoise à l'Ecole des langues orientales vivantes.

GENÈVE
IMPRIMERIE JULES CAREY, RUE DU VIEUX-COLLÈGE, 3
1886

ÉMAILLEURS

PÉKINOIS

PAR

MAURICE JAMETEL

Chargé du cours de langue chinoise à l'Ecole des langues orientales vivantes.

GENÈVE
IMPRIMERIE JULES CAREY, RUE DU VIEUX-COLLÈGE, 3
1886

Tiré à cinquante exemplaires

Exemplaire N°

MARIAGE

Léon Bassereau | Elisabeth Dupré

20 Octobre 1886

Très cher ami,

Notre amitié est de si vieille date que de vaines protestations seraient ici déplacées. Si je te dédie cette étude un peu technique, c'est parce que je sais les goûts artistiques que t'a inspirés l'amateur distingué qui fut toujours pour toi le plus dévoué des pères.

MAURICE JAMETEL.

Clos des Roses, Clarens, ce 10 Octobre 1886.

ÉMAILLEURS PÉKINOIS

Un matin, le grand fabricant de cloisonnés, Tchen-to, — la vertu prospère, — m'apportait deux jolies bonbonnières que je lui avais commandées un mois auparavant. Ces deux coffrets, ronds, hauts tout au plus de 5 centimètres, et en ayant 20 de diamètre, furent pour moi une véritable révélation. J'avais souvent vu, en Chine et en Europe, des cloisonnés neufs : bouteilles aux formes plus ou moins lourdes, porte-cendres bosselés et autres menus objets, dont les formes, sans élégance, étaient rendues tout à fait vulgaires par des émaux aux teintes fades, tout piqués de points noirs, boursouflés par un feu mal dirigé, et séparés par des cloisons aussi des moins artistiques.

Tout cela m'avait donné une fort mauvaise idée du génie artistique de la Chine moderne.

Maintenant j'avais là sous les yeux des specimens de la production moderne d'une incontestable valeur ; les fonds bleus n'avaient certes point l'incomparable éclat de leurs aînés de l'époque des Ming ; mais la vivacité de leurs teintes leur donnait une valeur presque égale aux fonds bleus des pièces de Kan-chi et Kien-lon. Les autres couleurs se faisaient aussi remarquer par de réelles qualités. Quant aux cloisons, elles esquissaient exactement les contours du dessin et formaient aussi, sur les fonds, des arabesques qui en relevaient fort heureusement la monotonie. L'émail était appliqué en une couche épaisse d'une densité uniforme, et sa surface polie comme un miroir.

La valeur artistique de ces deux bonbonnières me fit désirer de faire ample connaissance avec les artistes leurs auteurs.

En ma qualité de client sérieux, j'obtins facilement de Tchen-to la permission de visiter son atelier, quoiqu'il m'eût déclaré, avec force saluts, que je n'y trouverais rien qui fût digne de mon attention.

Un matin, je fis avancer une charrette pour aller faire une visite matinale à mon ami Tchen-to qui habitait alors dans une des innombrables ruelles avoisinant Léou-li-tchan, le quartier des libraires, où j'ai déjà eu l'honneur de conduire mes indulgents lecteurs.

Nous sommes au mois de Mai : hier encore nous étions de véritables habitants du pôle, disparaissant sous des monceaux de fourrures ; aujourd'hui nous sommes presque des voisins de l'équateur ! Les montagnes de l'ouest que j'aperçois au loin, en suivant la route de Ha-ta-meun, ont quitté leur blanche robe d'hiver pour revêtir leur parure verte, beaucoup plus de saison ; partout la végétation règne en souveraine. Dans ces régions sans printemps il suffit d'une journée de pluie, suivie de quelques jours ensoleillés, pour transformer complètement la nature !

Ma charrette me dépose dans une ruelle déserte, devant une petite porte grande ouverte, qui me permet de jouir de la perspective d'un interminable couloir, où règne la solitude la plus complète. J'hésitais à m'engager dans ce labyrinthe, craignant de franchir bien involontairement le mur de la vie privée de quelque bon bourgeois pékinois, fort peu charmé de voir un diable envahir son foyer domestique ; mais mon cocher m'affirma avec tant d'éloquence que j'étais bien devant la porte de l'atelier de Tchen, que je me décidai à entrer. Au bout de cet étroit corridor j'arrivai dans une petite cour où je trouvai enfin figure humaine : trois hommes, au torse nu, étaient accroupis autour d'un petit cylindre de tôle rougi par le feu. Dès qu'ils m'aperçurent, ces artisans se levèrent poliment et l'un d'eux disparut aussitôt pour aller prévenir le patron de mon arrivée. Peu d'instants après, je vis Tchen venir à ma rencontre.

Il s'excusa de me recevoir dans un endroit aussi peu digne d'un *grand vieil aïeul* comme moi ; puis, voyant avec quelle attention j'observais le travail qui s'opérait sous mes yeux, il me dit :

— N'allez point si vite dans votre visite ! Si vous voulez vous rendre un compte exact de la fabrication des cloisonnés, il vous faut commencer par le commencement, et l'opération que vous voyez faire ici est une des dernières.

Je suivis son conseil, fort étonné d'entendre un jaune raisonner avec autant de logique, et je le suivis dans un des ateliers qui entouraient la cour.

Ce qui me frappa tout d'abord, dans cet atelier jaune, ce fut d'y trouver une division du travail aussi compliquée, et qui eût pu servir de modèle à nos manufacturiers du siècle dernier, alors qu'Adam Smith composait cette fameuse description de la fabrication d'une aiguille, afin de bien démontrer les avantages du nouveau principe de la division du travail, qui comptait bien plus d'adversaires que de partisans, à cette époque relativement rapprochée de nous.

Ma double qualité de membre de la Société d'économie politique de Paris et de rédacteur à *l'Economiste français*, me faisait un devoir d'approfondir la question, et j'interrogeais Tchen, à seule fin de savoir si la tournure jaune de son esprit lui permettait d'apprécier tous les avantages de la loi économique qu'il mettait si bien en pratique. Voici ce que j'appris de lui :

Durant le temps de l'apprentissage, me dit-il, l'apprenti travaille successivement à toutes les parties; mais dès qu'il est passé ouvrier, il se spécialise généralement dans la partie pour laquelle il a le plus d'aptitude, ce qui lui permet de faire plus vite et mieux.

Dans l'atelier où nous étions, cinq ouvriers étaient assis, ayant devant eux de minces baguettes de cuivre qu'ils coupaient à la longueur voulue et qu'ils courbaient ensuite avec des pinces en suivant des modèles de cloisons qu'ils avaient sans doute admirablement gravés dans la tête, car ils travaillaient sans aucun modèle. Autour de la même table, le travail de la confection des cloisons était aussi très divisé : l'un des artisans ne faisait que de longues arabesques pour les fonds; son voisin en façonnait de plus courtes; un troisième faisait des sections de circonférence, un autre des fragments d'ellipse. Chaque ouvrier avait auprès de lui un bol dans lequel il déposait les pièces façonnées Dans le même atelier, près de la table, deux monteurs travaillaient aussi. Ils avaient devant eux un tronc d'arbre fiché solidement en terre. Sur ce rustique établi se trouvait une grosse bouteille de cuivre rouge dont ils couvraient la panse et le col d'un inextricable fouillis de minces cloisons de cuivre que leur fournissait la table voisine. Ils avaient auprès d'eux, sur le banc qui leur servait de siège, une collection de petites tasses contenant chacune des cloisons d'une forme différente. C'était là la palette dont ils se servaient.

Ils prenaient la cloison dont ils avaient besoin à l'aide d'une pince aussi primitive que tout leur entourage, la trempaient dans un pot rempli de colle de riz et la plaçaient, sans hésiter, à l'endroit voulu sur le vase de cuivre, où la colle la maintenait en place.

— Et l'on donne sans doute aux monteurs des assortiments différents de cloisons, suivant le dessin qu'ils doivent produire ? demandai-je à Tchen.

— Nullement; il n'y a qu'un certain nombre de formes de cloisons, et c'est aux monteurs à en tirer le meilleur parti possible, pour la composition des dessins.

— Mais alors ces monteurs sont de véritables artistes ?

— Certainement, et il y a des ouvriers habiles, comme celui que vous avez devant vous, qui peuvent produire un grand nombre de dessins, tandis que d'autres n'en connaissent que quelques-uns fort simples.

— Leur salaire est proportionné à leur habileté?

— Pas toujours. Il y a à Pékin si peu de fabriques de cloisonnés, que nous formons nos propres artisans qui passent leur vie dans la maison, avec un salaire fixe, quelle que soit leur habileté professionnelle, et ils s'en contentent, sûrs qu'ils sont de ne pouvoir se caser ailleurs.

A côté des monteurs, deux ouvriers travaillent autour de la carcasse d'un grand brûle-parfums carré, déjà toute couverte d'un réseau de cloisons : ce sont les soudeurs. Ils étendent sur la surface du vase de minces feuilles d'argent qu'ils appliquent bien exactement sur le cuivre en soufflant dans un tuyau de plume de canard. Une fois la carcasse garnie de sa robe argentée, ils la portent au four.

Tchen, qui a décidément le culte de la méthode, m'invite à sortir dans la cour, afin de voir la 4e phase de la fabrication. Cela ne m'étonne point; il venait de prononcer le mot de fourneau, et rien de plus naturel que ce brûlant appareil fût relégué dans le coin le plus retiré de l'établissement. Une fois dans la cour, je cherche des yeux la cheminée plus ou moins monumentale, complément indispensable de tous les foyers domestiques ou autres ; mais pas le plus petit tuyau de cheminée ne domine les toits voisins. Je n'aperçois même pas un coin de muraille noirci m'indiquant un passage habituel de la fumée. Alors je demande à Tchen :

— Vos fours sont peut-être dans un autre quartier de la ville?

— Mes fourneaux ! mais ils sont devant vous, me répond-il avec un air tellement étonné que sa physionomie, ordinairement sévère, prend une expression comique.

Mon étonnement ne dut point être moindre que le sien ; malheureusement je ne puis que conjecturer l'influence qu'il exerça sur mes traits, car il nous est plus difficile encore de nous faire une idée de notre *touche* physique, que d'apprécier notre valeur morale.

Mais revenons à ces fameux fourneaux, cause première de notre mutuel étonnement et des réflexions philosophiques qui précèdent. Il y avait en effet à mes pieds des manchons de tôle roussis par la double action de la chaleur et de l'humidité, des cylindres en fil de fer et autres menus objets de tôle et de fer, en tout aussi mauvais état. Cette collection de ferrailles, jetées là dans un coin de la cour, rappelait l'arrière-boutique d'un ferrailleur auvergnat. J'aurais été bien en peine de démêler dans ce tas de vieilleries les parties du four, si les deux soudeurs, que nous venions de voir travailler à un brûle-parfums, n'étaient arrivés, fort à propos, pour procéder au soudage des cloisons. Comme cette opération devait durer un certain temps et que je tenais essentiellement à la suivre dans toutes ses phases, je priai Tchen de vaquer à ses occupations et de me laisser seul avec ses ouvriers. Après s'être fait prier autant que l'exigent les prescriptions d'un cérémonial qui remonte à Confucius, c'est-à-dire à une époque où le temps avait encore moins de valeur, si possible, sur les bords de la Mer Jaune, qu'à l'heure actuelle, il céda à mes instances et se retira.

Il me fut alors permis de suivre, dans tous ses détails, l'opération du soudage des cloisonnés.

Les artisans cherchèrent d'abord un cylindre en grillage, assez large pour renfermer le brûle-parfums, placé sur ses pieds, tout en laissant autour de lui un espace libre. Le cylindre, en assez mauvais état, fut sommairement réparé, à l'aide de quelques brins de fil de fer ramassés dans la cour, et solidement fixé en terre.

Ensuite, les soudeurs choisirent un manchon assez grand pour entourer le cylindre, tout en laissant aussi sur son pourtour un espace libre, qu'ils remplirent de charbons allumés. Alors l'un d'eux descendit avec précaution le brûle-parfums dans le cylindre, et, tout en l'observant, il le retourna de temps à autre à l'aide d'un morceau de bois.

Lorsque la combustion fut assez vive pour rougir extérieurement la surface du manchon l'artisan, qui avait fait presque seul les manipulations, s'accroupit sur ses talons près du fourneau, et alluma sa pipe. Jusque-là, j'avais gardé le silence, dans la crainte de déranger l'artiste dans son travail. Quand je le vis se perdre dans la contemplation des nuages de fumée qui sortaient de sa pipe, je crus le moment venu de le faire un peu bavarder :

— Maintenant, l'opération est terminée, lui demandai-je?

— Pour moi oui; mais pour le *falan*, — cloisonné, — elle ne fait que commencer, me répondit-il sur ce ton de doute que prend tout Chinois, grand ou petit, dès qu'il répond à une question.

Mon homme n'était rien moins que bavard ; mais je portais toujours sur moi un excellent moyen d'arriver à rompre la glace, sous la forme d'une montre à sonnerie; je tirai de mon gousset ce précieux talisman qui m'avait ouvert plus d'une porte jaune, et je le fis sonner avec ostentation. La sonnerie produisit aussitôt l'effet désiré : mon soudeur s'approcha et me demanda la permission d'examiner cet objet *plus curieux que l'antique,* — périphrase chinoise qui correspond à notre adjectif extraordinaire.

— Je viens de la faire sonner pour savoir combien de temps le cloisonné restera au feu, lui dis-je, désireux de ramener au plus vite la conversation sur les questions techniques.

— Votre montre ne peut vous dire combien de temps il faudra pour faire la soudure : mes yeux et mes mains sont des maitres bien plus savants qu'elle. Il y a quelques années, mon patron m'apporta une petite pendule que lui avait donnée *un père spirituel*, nom chinois d'un prêtre catholique-romain, de ses amis, et me dit de faire durer le soudage exactement aussi longtemps que la petite aiguille mettrait à parcourir deux divisions du cadran. Je voulus lui obéir ; mais tous les cloisonnés ainsi obtenus durent être remis entre les mains des *poseurs*, parce que la soudure n'était pas bien prise.

Tout en témoignant de son dédain pour les montres et les pendules, mon homme surveillait avec attention la cuisson de la pièce. De temps en temps, il la tournait dans sa gaine de fil de fer, la soulevait afin de pouvoir mieux l'examiner. Puis, lorsqu'il le jugea nécessaire, il enleva une partie des charbons enflammés et lorsqu'il eut ainsi à moitié éteint le four, il le recouvrit d'une plaque de tôle pour le séparer de l'air extérieur. Ces opérations terminées, il renvoya son aide et s'accroupit de nouveau sur ses talons, en continuant à fumer sa pipe avec une lenteur qui semblait indiquer qu'il considérait son temps comme une marchandise de peu de valeur. Je ne partageais point son opinion. J'ai la conviction que l'adage *time is money* s'applique indifféremment à tous. Je lui demandai donc si l'entr'acte qui venait de commencer allait durer longtemps.

— Pour cela, je ne puis vous répondre, et votre montre le peut encore moins que moi. Il me faut attendre pour sortir la pièce du cylindre que je puisse tenir le doigt contre les parois du four durant cinq mouvements de ma respiration.

— Cependant vous avez déjà diminué le feu avant de fermer le four.

— Oui, mais cela ne suffit pas : Une pièce sortie trop chaude du four serait tellement *délicate que le souffle d'un enfant suffirait pour blesser son air*, — l'enrhumer, — et une pièce enrhumée à la soudure n'est bonne qu'à envoyer à la fonderie. Les cloisons ne tiennent pas et la soudure est réunie par petites boules rondes qui rendent le travail de l'émailleur impossible.

— En général, combien faut-il de temps à une pièce pour se refroidir ?

— Cela dépend de sa taille, de sa forme, du métal dont elle est faite, de l'argent employé comme soudure.

— Alors vous faites des cloisonnés sur d'autres métaux que sur le cuivre ?

— Nullement ; seulement il y a cuivre et cuivre.

Le soudeur avait en somme raison de dire qu'il y a, dans son pays, cuivre et cuivre. Au point de vue métallurgique, la Chine est si peu avancée qu'elle est encore à l'âge du bronze. Les procédés de traitement des minerais de cuivre y sont si imparfaits que ce métal n'y est connu que sous forme d'alliages, dont la composition se rapproche beaucoup de celle de nos bronzes. Et cette circonstance rend des plus difficiles le travail des artisans jaunes, qui emploient comme matière première le prétendu cuivre, parce que la composition de l'alliage qui porte ce nom n'a rien de fixe; de là des différences considérables dans ses propriétés chimiques et physiques. J'ai vu, moi-même, des lingots de cuivre chinois fondre avec presque autant de facilité qu'un amalgame, tandis que d'autres résistaient aux températures les plus élevées qu'il m'était possible de produire dans le très primitif laboratoire que j'avais installé dans l'ancien palais des trésoriers généraux de la province de Canton.

— Et ne croyez pas, vieil aïeul, que la pièce à souder influe seule sur le temps qu'il lui faut pour se refroidir sans devenir malade. La saison, le soleil, le vent jouent aussi un grand rôle dans le refroidissement : ainsi si le vent souffle de l'Ouest, les pièces refroidissent plus vite et plus sûrement, parce que ce vent-là nous arrive après avoir passé sur les Si-Chan, montagnes de l'Ouest, qui renferment des mines de charbon.

— Et en quoi ces mines de charbon peuvent-elles influencer le refroidissement des cloisonnés?

— Les soudeurs sans instruction vous diront que ces mines arrêtent le vent ; mais ceci est une erreur. La *vérité est que le vent d'Ouest*, en passant sur le charbon, *s'échauffe* et que l'air chaud risque moins *d'enrhumer* les pièces soudées.

Maintenant que la soudure n'avait plus de secrets pour moi, j'offris un cigare à mon professeur et je le quittai pour passer à une autre étape de la fabrication.

Me voici maintenant dans l'atelier des émailleurs. Son installation est aussi primitive que celle des ateliers voisins ; pour plancher, la terre battue, et pour mobilier, quelques escabeaux de bois rangés autour d'une grande table. Dans un coin, un véritable monceau de pièces dont la couleur brune, aux reflets argentés, nous montre leur aspect lorsqu'elles sortent du fourneau du soudeur; dans un autre coin, un autre amas de pièces qui ont déjà reçu une ou deux couches d'émail. Ici, si l'ordre fait défaut, la propreté a tout l'air de briller aussi par son absence : mais elle n'en a que l'air. A peine suis-je entré qu'un des ouvriers me prie poliment de vouloir

bien laisser mon cigare à la porte, parce que, me dit-il, le moindre ves
tige de cendre suffit pour donner la *petite vérole* aux cloisonnés, et que la
fumée de tabac altère la couleur des émaux encore humides.

Dans l'atelier, six émailleurs sont assis autour de la table.

Je vais m'asseoir auprès de celui qui vient de me parler et je le regarde
travailler. Il tient devant lui une bouteille de cuivre, au long col, dont la
panse, brunie par le feu du soudeur, est garnie de ses cloisonnés. A l'aide
d'un pinceau, l'émailleur dépose au fond des compartiments qu'elles forment une couche de couleur, ou mieux d'émail broyé très fin et délayé à
l'aide d'eau. Quant à la palette de l'artiste, elle se compose de onze petites
soucoupes remplies de solutions d'émaux. Comme l'émail, même à l'état
pulvérulent, n'est point soluble dans l'eau, il se dépose au fond de chaque
godet et mon voisin est obligé, pour pouvoir prendre un peu d'émail, d'agi-
ter fortement la solution avec son pinceau. La palette est assez rudimen-
taire, puisqu'elle ne compte que onze couleurs qui ne peuvent se com
biner entre elles pour former les nuances, ainsi que nous le verrons tout à
l'heure. Les onze couleurs d'émaux sont : 1º Le bleu clair, 2º le bleu foncé,
3º le jaune, 4º le rouge, 5º le blanc, 6º le rose clair, 7º le rose foncé, 8º le
vert, 9º le violet, 10º le carmin, 11º le vert d'eau.

Quant au dessin, l'émailleur n'a point à s'en occuper, puisque le tracé en
a été fait par le poseur de cloisonnés; et même pour l'arrangement des
couleurs, son rôle se borne à celui de copiste, ayant devant lui un modèle
achevé qui lui indique que dans telle cavité il doit mettre du rouge, dans
telle autre du vert. Mais l'art chinois est tellement restreint, au point de
vue de la production, que les émailleurs arrivent vite à connaître par cœur
l'emploi des nuances dans chaque cas particulier. Aussi mon voisin tra-
vaille-t-il sans modèle et jamais il n'hésite sur la nuance à employer. Les
fonds sont toujours bleus ou noirs; le milieu des fleurs, vert; les pétales,
blanches ou roses; et pour les animaux, c'est encore le même nombre
restreint de types et la même uniformité de couleurs: les sauterelles ont le
dos vert et le ventre blanc; les papillons, le corps noir et les ailes jaunes à
la naissance, rouges ou roses aux extrémités: sur tous les objets, grands
ou petits, c'est le même défilé de types et de couleurs.

Après avoir déposé une première couche d'émail sur la bouteille, mon
voisin s'en fut la placer dans un coin, sur d'autres, et revint ensuite avec
une pièce déjà recouverte d'une première couche d'émail. Il commença
à en déposer une seconde,

— Mais pourquoi, lui dis-je, mettez-vous de côté les pièces qui ont reçu une première couche d'émail ?

— C'est pour leur donner le temps de sécher ; lorsque la première couche est assez dure pour ne plus céder sous l'ongle, j'en dépose une seconde que je fais sécher de la même façon, et je continue ainsi jusqu'à ce que la couche d'émail dépasse les cloisons de l'épaisseur d'une sapèque ; une fois arrivé à ce point du travail, nous envoyons la pièce au cuiseur.

— Et vous avez toujours plusieurs pièces en train. Pendant que les unes sèchent, vous travaillez aux autres. De la sorte vous ne perdez pas de temps, comme votre camarade, le soudeur, que je viens de laisser dans la cour, fumant tranquillement sa pipe devant le four. Si vous travaillez à la pièce, vous devez gagner beaucoup plus que lui ?

— Nous sommes tous payés ici au mois, et le patron nous loge et nous nourrit. Nous autres émailleurs, nous gagnons de 9 à 11 taels — de 68 à 83 francs — par mois, selon que nous sommes employés depuis plus ou moins longtemps dans la maison. Les soudeurs, eux, ne gagnent que 5 ou 6 taels.

— Cela n'a rien d'étonnant, puisqu'ils font moins de besogne que vous.

— Ce n'est point pour cette raison qu'ils gagnent moins que nous. Les émailleurs sont payés davantage parce qu'ils sont obligés d'être à la diète.

— Votre métier est donc malsain ?

— Nullement ; seulement nous ne pouvons manger aucun aliment assaisonné d'ail ou d'oignon, et durant le travail nous ne pouvons fumer, parce que les vapeurs de tabac et d'oignon altèrent les nuances.

Je pris cette remarque de l'émailleur chinois pour un de ces nombreux préjugés de métier qui tiennent lieu de science sur les bords de la mer Jaune. Aussi mon étonnement fut grand lorsque plus tard je lus dans un vieux bouquin ayant pour titre : *Traité des couleurs pour la peinture sur émail*, par de Montamy, à Paris chez Cavelier, 1765, le passage suivant : « Les artisans vigilants — émailleurs — écarteront d'eux ceux qui auront mangé de l'ail ou ceux qu'ils soupçonneront d'être dans les remèdes mercuriels. » — Une même opinion, au sujet de l'ail, émise par des gens du même métier, qui n'ont jamais pu avoir connaissance les uns des autres, ne peut être un préjugé. Quant à l'influence des vapeurs du tabac sur les cloisonnés pendant l'émaillage, je crois facilement que cela peut être vrai en Chine où le tabac, imbibé d'huile, produit une fumée d'une telle âcreté que nos gosiers européens ne peuvent s'y accoutumer ; et il n'est donc point étonnant que les émaux venus de Bizance à la Chine soient aussi susceptibles que nous. En ce qui touche les remèdes mercuriels, le silence de mon voisin m'étonna. Les jaunes sont peu pudibonds de leur nature : l'emploi du mercure comme médicament est aussi connu chez eux que chez nous, et les maux qu'il guérit sont encore plus répandus au pays des fleurs qu'en occident.

— Et de quoi sont composés les émaux que vous employez, demandai-je à mon voisin de gauche, qui remplissait consciencieusement d'émail noir les ailes d'un scarabée ?

— Personne ne le sait ni ici ni ailleurs. La fabrication des émaux est un secret conservé dans une famille qui forme, à elle seule, un petit village dans la province du Chan-Ton. Je suis allé moi-même, dans ce village, acheter un assortiment de ces émaux. J'ai pu constater que tous ses habitants, hommes, femmes et enfants, ne sont occupés qu'à cette fabrication. Dans chaque foyer, une pièce est réservée à ce travail, et les étrangers n'y sont jamais admis.

— Les fabricants de cloisonnés ne fabriquent donc jamais leurs émaux eux-mêmes ?

— Pas ceux de Pékin : ils sont trop pratiques pour cela. Les gens du Chan-Ton les leur fournissent à un prix *raisonnable* — mot à mot *aisé et facile* —. A quoi bon chercher à bouleverser continuellement les habitudes prises ! Les gens de Canton ne sont pas aussi stables que nous ; ils sont comme l'argent liquide, — le mercure —, toujours en mouvement. J'ai ouï dire qu'ils avaient voulu fabriquer eux-mêmes leur émail ; ils y sont parvenus ; mais leurs couleurs sont si mauvaises que nous ne pourrions en faire usage. Ils s'en contentent par ce qu'ils ne les emploient que par couches très minces.

Les émailleries cantonnaises ne produisent en effet que des émaux peints.

Tout en écoutant mon voisin, j'avais tiré machinalement un cigare de ma poche et je m'apprêtais à l'allumer, oubliant complètement qu'il était défendu de fumer dans l'atelier.

— Je prie le grand aïeul de vouloir bien sortir pour fumer, quoique les paroles que je lui adresse ne puissent traverser mon cœur, — quoiqu'il m'en coûte de vous dire cela.

— C'est vrai, répondis-je, en riant. J'oubliais que le tabac donne la petite vérole aux cloisonnés.

— Tandis qu'elle donne mal au cœur aux enfants désobéissants, ajouta mon guide en riant aussi.

— Mais en quoi consiste la petite vérole des cloisonnés ?

— Les cendres de tabac, fort légères, se répandent dans l'air et vont se déposer sur les émaux encore humides, s'y incrustent, et lorsque la pièce a été cuite, ces incrustations forment sur les émaux un *tacheté* qui rappelle beaucoup *les fleurs de chanvre* d'un varioleux, — fleurs de chanvre, pour boutons de petite vérole —. Cette maladie n'est pas seulement causée par la cendre de tabac : toute espèce de poussière peut la produire. L'émail, déposé en couche trop épaisse, peut aussi se soulever à la cuisson et former des marques de petite vérole. Presque tous les produits des émailleries de Pékin sont affectés, plus ou moins, de cette maladie, parce que, pour économiser la main-d'œuvre, on y dépose les émaux en couche trop épaisse.

— Sous quelle forme vous expédie-t-on les émaux du Chan-Ton ?

— En pains de forme ronde. Je vais vous en montrer des spécimens.

Quelques minutes après, l'émailleur revint et déposa sur la table une pile de galettes rondes, épaisses d'un à deux centimètres, dont l'aspect rappelait assez un pain de cire à cacheter. La pile se composait de 11 galettes de couleurs différentes et formait ce que l'on appelle là-bas, dans le langage de l'atelier, *une collection*. Comme les galettes n'avaient point la même épaisseur, j'en fis la remarque à mon interlocuteur.

Cela tient, me dit-il, à ce que la valeur des émaux varie suivant les ingrédients qui entrent dans leur composition : ainsi les plus minces que vous voyez sont faites avec de l'or ou de l'argent. De la sorte chaque pain a la même valeur, ce qui rend plus facile le règlement des comptes. Il suffit de compter les pains pour connaître le montant de la note.

Pendant que nous causions, un des émailleurs avait abandonné son travail et concentrait toute son attention sur ma personne. Il ne me perdait pas de vue, et semblait se délecter de mon détestable accent chinois. A la fin mon informant, qui était le plus ancien de l'atelier, se tourna vers mon admirateur et lui dit :

— Si ton bouton n'est pas émaillé ce soir, tu n'auras pas ton verre d'eau-de-vie. Avec ta paresse, ta vie ne suffira pas à faire de toi un bon émailleur.

— Mais ma plume n'est pas bonne, répondit, d'un air boudeur, le jeune homme en se remettant à la besogne ; je ne puis m'en servir pour prendre l'émail.

— Ho ! c'est bien là la réponse de tous les mauvais ouvriers ! Apprends que les sages ont dit que l'habileté de l'artisan fait les bons instruments. Tiens, puisque ta plume est mauvaise, va broyer des émaux et surtout broie-les avec soin, car si mon souffle y découvre un grumeau, je le dirai au patron.

Mon admirateur parti, le maître émailleur me dit : — C'est un de mes neveux que j'ai fait entrer ici en qualité d'apprenti ; il a signé son contrat il y a quatre mois. C'est un garçon intelligent et travailleur, qui n'a jamais fumé une pipe d'opium dans sa vie. Seulement c'est la première fois qu'il voit un Européen, et cela lui a mis la tête à l'envers.

Tout en maniant son pinceau, mon voisin m'apprit que les apprentis travaillent gratuitement pendant quatre années, et que le patron, pour se rembourser des frais de nourriture, les emploie au broyage des émaux, opération très longue, mais qui n'exige aucune habileté manuelle. Je sus aussi par lui que les émailleurs pékinois possèdent en fait une organisation semblable à celle de nos anciens corps de métiers ; que les fonctions d'émailleurs se transmettent de père en fils dans la même famille.

Après avoir tiré tous ces renseignements de mon émailleur, je le priai de me conduire à l'atelier de cuisson, ce qu'il fit avec cette urbanité de manières que l'on trouve chez tous les jaunes, quel que soit le rang qu'ils occupent dans la société.

Ici, par exemple, il est permis de fumer : mon nerf olfactif s'en aperçoit bien vite. En sortant de l'air calme et pur de l'émaillerie, je suis désagréablement surpris par cette atmosphère étouffante. Les fours à cuire, toujours sans cheminée, et les fournaux des pipes des opérateurs rivalisent d'activité pour remplir l'atelier de fumée. Ajoutez à cela un parfum d'oignon, qui montre qu'un cloisonné prêt pour la cuisson ne craint plus les odeurs fortes, et vous aurez une idée de l'air que l'on respire dans l'atelier où je viens d'entrer.

Ici, je retrouve le primitif fourneau des soudeurs où les pièces sont placées lorsque leurs compartiments sont suffisamment chargés d'émail. L'opération de la cuisson de ces émaux est sans doute plus facile que celle du soudage, car il n'y a dans l'atelier que deux ouvriers pour surveiller six fourneaux en pleine activité. Les cuiseurs vont de l'un à l'autre pour voir comment les pièces se comportent au feu. Ils sont très affairés ; aussi je ne leur fais qu'une très courte visite, et je les quitte pour me rendre chez les polisseurs qui m'intéressent beaucoup plus. Il me tarde de voir comment les artisans jaunes exécutent une opération qui exige en Occident un outillage fort compliqué.

L'opération du polissage occupe plus d'ouvriers que celle de la cuisson des émaux. Dans l'atelier où je viens d'entrer, il y en a six, dont trois emploient le tour pour polir les pièces suceptibles d'être montées sur un mandrin.

Ces tours sont fort primitifs, et ces archaïques instruments formeraient un excellent pendant des fours, dans un musée d'antiquités préhistoriques. Le banc du tour est fait de morceaux de bois à peine équarris. Toutes les pièces sont en bois, à l'exception d'un nerf de bœuf qui transmet le mouvement de la pédale au mandrin. Sur le tour qui est devant moi se trouve montée une bouteille au long col; elle tourne et retourne sur elle-même, en suivant l'impulsion du pied du polisseur, car le tour jaune ne sait pas encore transformer un mouvement alternatif en un mouvement continu : sans doute parce que ses prédécesseurs, contemporains de Confucius ne le savaient pas non plus. Mais cela, après tout, n'est qu'un bien léger défaut, auquel l'habileté de l'ouvrier remédie facilement. Ce qu'il y a de plus singulier dans la mauvaise éducation de cet instrument, c'est qu'en dépit de son nom, il semble tout à fait brouillé avec cette figure que les géomètres appellent *circonférence*. Aussi, au lieu de tourner paisiblement autour de son axe, la pauvre bouteille danse une sarabande des moins géométriques; son long col surtout se livre à des mouvements si désordonnés qu'il faut toute l'habileté d'une main jaune pour que la pierre, que le polisseur appuie fortement sur l'émail, ne produise pas de catastrophes.

Le polisseur est une preuve vivante de la vérité de l'adage chinois : *l'habileté de l'artisan fait la bonté de l'outil;* il tient des deux mains la pierre noire qui lui sert de polissoir et l'appuie sur la surface du long col, dont il suit tous les mouvements désordonnés avec une adresse remarquable. De temps en temps, il trempe son outil dans un réservoir placé sur le banc du tour et projette un peu d'eau sur l'endroit qu'il polit pour juger à quel point en est l'opération. Les pièces sortent des mains du polisseur complétement transformées : les émaux ont enfin pris leur éclat et leur couleur définitive; le dessin même commence à paraître, mais ce n'est encore qu'une esquisse aux contours sans netteté, car le ton mat des cloisons disparait, noyé dans les teintes vives des émaux.

Pour donner aux cloisons la teinte dorée, les pièces sont portées dans un petit atelier où Tchen, imitant le grand Pierre Petit, *opère lui-même et pour cause.* Sur les conseils et sous la direction d'un savant lazariste français de la mission de Pékin, le père Favier, Tchen a substitué aux anciens procédés de dorure des cloisons, qui ne donnaient que de fort mauvais résultats, le procédé très simple de la dorure à la pile, qui lui permet de faire vite et bien. Mais les ouvriers émailleurs n'aiment guère à manier les piles; ils prétendent que ces machines diaboliques dégagent des vapeurs dangereuses, ce qui est un peu vrai. Nonobstant, Tchen trouve trop d'avantages dans la galvanoplastie pour y regarder de si près; et toutes les pièces qui sortent de ses ateliers sont argentées ou dorées par les piles diaboliques. En général, les cloisonnés sont dorés sur fonds bleus et argentés sur fonds noirs.

Ici se termine ma visite à l'atelier. J'allai prendre congé de Tchen. Il voulut absolument me mener dans son *humble* intérieur pour y prendre une tasse de thé. Je ne me fis pas trop prier, bien sûr d'avance que les Fa-lan, — cloisonnés —, feraient tous les frais de l'entretien.

Une fois installés sur le kan traditionnel, et les samalecs qui accompagnent la première tasse de thé effectuées avec toute la gravité nécessaire, Tchen me demande :

— Eh bien ! mon humble fabrique vous a-t-elle intéressé ?
— Enormément.
— Cependant vous devez en avoir de beaucoup plus belles en Occident, où l'on a tant de machines d'une extraordinaire ancienneté, — curieuses ?

La politesse m'empêcha de dire à Tchen la vérité et de lui apprendre qu'en Occident les émaux cloisonnés sont considérés comme des productions d'un art encore dans l'enfance, dont le triomphe est l'émail peint, seul capable de donner un corps aux conceptions du génie.

Cependant mon hôte, pour un Chinois, était un vrai révolutionnaire; au lieu de travailler comme avait travaillé son père, qui travaillait lui-même comme avait travaillé son propre père, il faisait volontiers des excursions hors des sentiers battus de la routine, sous l'habile direction du père Favier; et grâce au saint lazariste, la marque de Tchen-to est devenue la meilleure, je dirai même la seule bonne de Pékin, car les autres émailleries que j'ai visitées, dans la capitale du Fils du Ciel, ne fabriquent que des objets courants, tandis que l'atelier de mon hôte ne produit que des objets d'art et même de vrais chefs-d'œuvre. Du reste, Tchen ne se montre pas ingrat pour son bienfaiteur : Voyez-vous, me dit-il, sans le père spirituel Fou, — nom chinois du père Favier, — je n'aurais jamais pu faire des choses du goût des Européens, qui sont de fait mes seuls clients. C'est sur ses conseils que j'ai fabriqué ces boutons de manches que vos compatriotes aiment tant, ces petites assiettes où vous recueillez, m'a-t-on dit, la cendre de vos rouleaux de tabac, — cigares —, ces boîtes rondes pour vos sucreries, des assiettes plates, des bouteilles et des vases à grosse panse, enfin tout ce que nos ancêtres ne fabriquaient que fort peu ou même pas du tout.

En cela, Tchen a parfaitement raison : ses idées radicales, dirigées par un lazariste de goût, ont produit dans l'émaillerie pékinoise une révolution complète sous le rapport de la forme. Dans mes chasses aux bouquins de Leou-li-tchang, j'ai trouvé un curieux ouvrage chinois ayant pour titre : les Merveilles anciennes des métaux, — Ki-kin-tche-tsouen, — un précurseur jaune de la Bibliothèque des Merveilles de la maison Hachette, qui me permit de bien comprendre la portée de cette révolution.

Des quatre volumes que comprend l'ouvrage, le troisième est réservé aux cloisonnés ; dans les 37 planches qui le composent, et qui formaient, pour ainsi dire, le répertoire des anciens émailleurs, c'est à peine si j'ai trouvé 4 ou 5 types encore employés par Tchen et ses imitateurs. Le reste du recueil ne renferme que des modèles de chandeliers, de brûle-parfums et de cornets destinés à former des garnitures de temple, des jou-i, dignes de figurer dans la magnifique collection de ces mystérieux instruments que possède M. Paul Gasnault. On y voit aussi des étuis à bâtonnets, des crochets pour soutenir les rideaux des chaises à porteurs, des mors de chevaux et des étriers. Le texte nous apprend que ces derniers modèles ne furent guère exécutés que vers la fin de la dynastie de Ming, pour les Mongols qui voulaient, eux aussi, profiter d'un art qui brillait alors à Pékin avec tant d'éclat.

J'ai dit plus haut que Tchen avait, à l'heure qu'il est, de nombreux imitateurs ; mais ces derniers ne lui nuisent que fort peu : ils produisent par douzaines des bouteilles et des boîtes de toutes formes, aux émaux sans éclat, presque toujours défigurés par *une petite vérole des plus malignes*, aux cloisons épaisses et lourdes. Ce sont ces objets, sans valeur artistique, qui envahissent nos grands magasins où jamais une pièce portant gravé sur son fond la marque de Tchen-to n'a pénétré, et pour cause. Les productions artistiques de Tchen coûtent cher, même à Pékin, tandis que ces objets de pacotille y sont presque pour rien. Une jolie paire de boutons de manchettes, que Tchen ne fait que sur commande, coûte 20 francs, tandis que l'on peut s'en procurer dans les *fabriques de cloisonnés* pour 10 et même pour 5 francs la paire. Ces admirables bonbonnières rondes, qui furent la cause de ma visite à Tchen, coûtent chez lui 75 francs, tandis que, si vous avez peu de goût pour les belles choses, et si vous êtes convaincus que la petite vérole des cloisonnés n'est pas contagieuse, vous pouvez en avoir de plus grandes pour 20 francs chez ses concurrents.

Les pièces sorties des ateliers de Tchen sont facilement reconnaissables par la seule inspection du fond, comme les assiettes de certains ateliers céramiques. Les cloisonnés de Tchen peuvent sans crainte affronter le grand jour : leur fond reste sans couverte et est simplement doré à la pile. Dans les autres fabriques, le fond de cuivre, mince comme une feuille de papier, possède une teinte grise, déplaisante à l'œil, qui apprend aux indiscrets qu'il y a beaucoup de plomb et fort peu de cuivre dans ses veines. Aussi, pour cacher complètement aux regards ce bronze de mauvaise qualité, les rusés émailleurs recouvrent les fonds d'une épaisse couche d'émail bleu, grâce à laquelle les plus malins n'y voyent rien.

De tous les émaux sortis de l'atelier de Tchen, le plus beau est, sans contredit, un ciboire qu'il exécuta pour le père Favier, sous son habile direction. Sur le pied de ce chef-d'œuvre se trouve représentée la Cène, rendue avec une perfection aussi grande que celle des émaux peints ; sur le pourtour de ce tableau est inscrit un verset des Ecritures Saintes, en caractères gothiques.

Nos collections occidentales ne possèdent que peu de cloisonnés, parce que nos artistes abandonnèrent vite ces procédés, un peu secs, pour les méthodes de travail, beaucoup plus fécondes, des émaux à champlevés et peints. Malgré cela, le musée du Louvre possède une suite de vingt-quatre plaques, formant la garniture d'une boîte d'évangéliaire, qui nous montre que des artistes de talent se servirent aussi quelquefois du procédé si imparfait des cloisons. Pourtant le calice de Tchen pourrait fort bien figurer dans une vitrine, à côté de la plaque n° 1 du Musée du moyen âge et de la renaissance du Louvre, plaque qui représente un Saint-Mathieu nimbé et ailé. Non seulement il supporterait la comparaison, mais cette épreuve même serait un triomphe pour les artistes chinois, dont la palette compte onze couleurs, tandis que le Saint-Mathieu est composé à l'aide de neuf seulement.

Le magnifique calice du père Favier m'a complètement fait oublier que l'atelier de Tchen est situé dans la ville chinoise, ce qui m'oblige à le quitter un grand quart-d'heure avant le coucher du soleil, sous peine de voir les portes de la ville se fermer à ma barbe.

Je veux partir : mais mon hôte m'affirme avec assurance que j'ai encore une heure devant moi, ce qui me décide à reprendre place sur le *kan*. La théière, de nouveau remplie d'eau bouillante, répand une agréable odeur dans la chambre. Tchen a même poussé la politesse jusqu'à fumer une de mes cigarettes de Laferme, ne voulant pas accepter un cigare, *parce que le tabac occidental est trop fort pour un estomac chinois.* Et il fume ma cigarette avec cette calme béatitude de l'oriental, aspirant la fumée avec une sage lenteur ; puis la rejetant, plus lentement encore, tantôt par le nez, tantôt par la bouche, avec des mouvements savants qui l'envoient former dans l'air des figures éphémères, que son œil se plait à voir naitre et mourir dans l'espace d'un moment. Et à travers le petit judas vitré de la porte, un chaud rayon de soleil met, dans ce *dolce far niente*, une trainée lumineuse où s'agite tout un monde d'infiniment petits que nos pères appelaient poussière, mais que leurs fils, plus savants, quoique peut-être moins heureux, appellent des microbes.

Ah ! combien j'ai senti, dans ces calmes intérieurs de l'Orient, venir cette heure chantée par le Dante :

> Nell'ora che la mente nostra pellegrina
> Più della carne, e men da pensier presa,
> Alle sue vision quasi è divina.....

J'y oubliais, moi aussi, que *Time is money*, et ma pensée s'y endormait doucement bercée par le ronron de la bouilloire qui remplace, à la Chine, le samovar!

Cette fois, c'est le jaune qui rappelle au blanc que le temps s'enfuit.

— Si vous permettez, je vais, me dit mon hôte, aller chercher un nouveau modèle, que le *père spirituel* m'a fait faire pour envoyer à un de ses amis d'Occident ?

Quelques minutes après, il déposa, sur la table du kan, un écrin de soie bleue contenant quatre petites bouteilles de même forme et de même grandeur, qui formaient, pour ainsi dire, un excellent résumé de la visite que je venais de faire. La première de ces bouteilles était seulement la carcasse de cuivre nue ; la seconde était couverte de ses cloisons déjà soudées; la troisième était ornée de ses émaux, et enfin la dernière présentait la même pièce achevée avec ses émaux polis et ses cloisons dorées.

Pour compléter cette série instructive, le père Favier avait fait réserver, dans le haut de l'écrin, onze cases contenant chacune un morceau d'émail de couleur différente... Ce n'était là qu'un premier essai, qui eut un si grand succès, qu'au moment de mon départ de Pékin, Tchen fabriquait des écrins semblables à la douzaine ; et il devait y trouver son compte, car il vendait ces boites complètes 45 francs.

A un moment, on essaya, dans un atelier concurrent, de représenter, sur une même pièce, les différentes phases de la fabrication. Pour cela faire, la panse d'une grosse bouteille était divisée en quatre parties dont l'une montrait le cuivre à nu, tandis que la dernière représentait le travail achevé. Cette contrefaçon de l'idée du père Favier n'eut aucun succès, sans doute parce qu'elle n'avait pas pour accompagnement le charmant écrin plus chinois encore de tournure que son contenu, avec sa doublure de soie bleue et son couvercle à coulisses.

Peu à peu la théière, en se refroidissant, perd son parfum capiteux. Le rayon de soleil se transforme en une lueur rouge, précurseur d'un crépuscule d'hiver. Le froid aidant, je finis par redevenir occidental; et, recouvrant mon activité, je fis bavarder Tchen sur lequel ma cigarette avait produit un peu l'effet d'un verre de champagne; aussi se montra-t-il plus loquace que de coutume. Il me confirma ce que m'avait dit l'émailleur au sujet des émaux dont la fabrication est un secret; mais il m'avoua qu'il recherchait avec persévérance ce secret à seule fin, me dit-il, d'augmenter le nombre des couleurs, ce qui lui permettrait d'exécuter de véritables chefs-d'œuvre. Comme on le voit, Tchen avait une manière tout à fait américaine de comprendre le mot *progrès*.

Pour le consoler du peu de succès de ses recherches, jusque-là infructueuses, je lui citai l'exemple de ses collègues d'occident qui furent pendant longtemps tributaires de Venise, laquelle conservait avec un soin jaloux le secret de la fabrication de l'émail. Ma savante remarque changea complètement les rôles; ce fut moi qui devins l'informant et mon hôte l'informé. Tchen m'adressa une foule de questions au sujet des cloisonnés occidentaux. Je dus lui dire, pour être sincère, que la fabrication des émaux cloisonnés est peu en honneur chez nous, où l'on n'exécute plus guère que de petites pièces d'orfèvrerie, montées sur or et sur argent. Cette vérité, loin de lui donner une preuve de l'infériorité de l'émaillerie jaune, lui fournit, au contraire, une occasion de me montrer qu'il était Chinois d'abord et progressiste ensuite.

— Je comprends, en effet, que vos compatriotes fabriquent peu de cloisonnés; ce genre de travail ne peut prospérer que dans un pays très civilisé, dont les habitants sont assez riches pour pouvoir se passer de tout faire en courant, comme c'est le cas en Occident.

Au lieu de rendre à Tchen la monnaie de sa pièce, je poussais la complaisance jusqu'à lui expliquer, par le menu, la fabrication des émaux en Occident. D'abord je dus le prévenir que les pains d'émail qu'il recevait du Chan-ton se composaient de deux matières bien distinctes : 1º de l'émail, qui donne au mélange sa couleur, et 2º du fondant qui est le même pour toutes les couleurs auxquelles il donne la liaison et l'éclat. J'ajoutais que nos artistes se chargeaient, eux-mêmes d'incorporer, par la chaleur, le fondant avec l'émail, et que le mélange, en général, était ensuite finement broyé. Tout cela parut beaucoup étonner Tchen, et il m'avoua qu'il ferait, dès le lendemain, des expériences à l'aide des procédés occidentaux, quoiqu'ils lui parussent *bien moins bons* que les siens.

Grattez le jaune libéral, et vous trouverez toujours le Chinois !

Pour l'encourager à persévérer dans ses essais, je lui citai le proverbe andaloux : *No se gano Zamora en una sola ora* — On ne prend pas Zamora en une heure ; et je le quittai en lui souhaitant bonne et prompte réussite dans ses essais.

Pendant que sa mule fait diligence, mon cocher, une vieille connaissance, me morigène.

— Sûrement, me dit-il, nous allons arriver après la fermeture des portes, et nous serons obligés de coucher dehors, parce que vous êtes resté trop longtemps à regarder de mauvais cloisonnés. S'oublier à admirer de beaux émaux Kan-chi ou Kien-lon, passe encore ! Mais perdre son temps devant des émaux qui sont sortis hier des fourneaux de Tchen, voilà ce que je ne puis comprendre !

En Chine, la querelle des anciens et des modernes ne s'est point encore produite : les premiers règnent en maîtres et sont respectés, même par le peuple, qui mesure son admiration au nombre des années.

Nous approchons de Tsien-Meun, et aussi du moment psychologique de la fermeture des portes, ce qui fait le mouvement de la rue doublement intense. Piétons, charrettes, fiacres, longues files de mulets et de chameaux font diligence, les uns pour entrer dans la ville impériale, les autres pour en sortir. Au milieu de tout ce tumulte jaune, il y aurait tant de choses intéressantes pour le lecteur qu'il me faut renoncer à les décrire ; ce travail serait au-dessus de mes faibles moyens, et je craindrais de lasser la patience du plus indulgent de mes critiques bien avant d'être à la fin de ma tâche. Aussi, tout chagrin de mon impuissance, je vais me blottir au fond de ma charrette, et je me mets à discuter doctement, avec moi-même, sur le passé, le présent et l'avenir de l'industrie des émaux cloisonnés en Chine, ou mieux à Pékin, car cette ville est la seule de l'empire où l'on allie encore les émaux avec les cloisons.

L'industrie des cloisonnés fut la première à se développer lors du grand mouvement artistique qui commença, en Chine, sous les derniers souverains de la dynastie des Min, au XVIme siècle, et qui atteignit son apogée sous Kan-Chi et Kien-Long, de 1662 à 1796.

Que le cloisonné fût le premier à bénéficier du grand essor intellectuel, qui se produisit alors sur les bords de la mer Jaune, cela n'a rien d'étonnant, à cause de sa nature même qui en fait un art essentiellement simple. Il suffit que la teinte de quelques émaux soit belle, que l'on ait du cuivre ou un alliage s'en rapprochant, et de ces matériaux informes, un artiste patient — et Dieu sait si la patience est une plante commune sur les bords du fleuve Bleu ! — tirera des chefs-d'œuvre. Dans le cloisonné donc, la patience et l'art d'assembler les couleurs, ces deux grandes qualités des artistes jaunes, sont seules nécessaires ; tandis que les lois de la perspective et l'imagination créatrice, qui leur font complètement défaut, n'y entrent pour rien.

Dans la fabrication de la porcelaine, des émaux peints, et dans la littérature même, les qualités qui donnent aux œuvres une valeur artistique sont bien plus complexes. La perspective, l'imagination, les connaissances chimiques et physiques y jouent, tour à tour, ou simultanément, un rôle dont l'importance est proportionnée à la perfection du travail final. En toutes ces choses, il faut bien le reconnaître, l'esprit chinois ne s'est jamais distingué ; c'est ce qui explique pourquoi les émaux cloisonnés ont été, sur les bords de la mer Jaune, toujours à l'avant-garde du progrès. Après une période de décadence, longue de plus d'un siècle, l'émaillerie chinoise voit luire l'aurore d'une renaissance que tout semble annoncer comme glorieuse, grâce aux procédés perfectionnés que lui fournit l'Occident.

S'il est permis de prédire l'avenir par le passé, cette renaissance de l'industrie des cloisonnés ne serait, elle-même, que l'avant-coureur d'une renaissance de tous les arts chinois ; et les faits que j'aurai à signaler dans la suite de ces études, lorsque je raconterai mes visites aux ateliers du sud de l'Empire du Milieu, viendront fournir de précieux documents en faveur de mon hypothèse.

Ma dissertation est interrompue par mon cocher. Nous nous trouvons au milieu d'un fouillis inextricable de bêtes de somme et de charrettes. Dominant le bruit de la foule, le gong du corps de garde de la porte fait entendre sa voix de bronze à intervalles si éloignés que mon automédon désespère tout à fait de gagner la poterne avant sa fermeture.

— Le gong bat si doucement, me dit-il, que je doute que nous puissions rentrer. Si le vieil aïeul voulait bien descendre, il irait à pied jusqu'à la porte bien plus vite que dans ma voiture; et là il ordonnerait aux gardes de laisser les barrières ouvertes pour attendre la charrette de l'occidental.

Sa proposition ne me souriait guère : j'avais entendu ; plus d'une fois. raconter, dans les petits cercles que forme la colonie européenne de Pékin, des anecdotes de nature à faire penser que les portiers des neuf portes ne manquaient aucune occasion de se procurer le malin plaisir de fermer ces dernières au nez d'un diable d'Occident. Cependant, je mis pied à terre et, sans faire part à mon automédon des craintes que m'inspiraient les conséquences probables de ma démarche, j'essayai de me frayer un chemin jusqu'au corps de garde des féroces portiers. Si la qualité de diable aux poils rouges a quelques petits inconvénients comme, par exemple, celui de vous faire payer dix francs ce que l'on vendrait un franc à un indigène, par contre, elle n'est point sans offrir de sérieux avantages. J'en ai la preuve durant le court trajet qui me sépare de la poterne; les piétons se rangent sur mon passage ; et qu'importe, après tout, que ce mouvement soit provoqué par un sentiment fort peu voisin du respect, s'il me permet de circuler à mon aise au milieu de la foule jaune la plus compacte ! Les bêtes de somme ne gênent point non plus ma marche, car elles font de terribles écarts pour m'éviter, à la grande fureur de leurs conducteurs qui me traitent d'œuf de tortue, de lapin, expressions les plus choisies du vocabulaire des assommoirs pékinois.

Enfin, me voici arrivé devant le corps de garde. Je suis maintenant dans la place, et les portes peuvent se fermer. Cependant, par acquit de conscience, j'attends mon cocher en faisant des vœux pour qu'il arrive au but avant le moment psychologique. Quant à exciper de la couleur de ma peau pour retarder ce dernier, je m'en abstiens prudemment, me réservant d'intervenir au dernier moment. Enfin, mon équipage arrive, lui aussi, à traverser la poterne, entre une file de chameaux et une lourde charrette chargée de riz. Une fois réinstallé sur mon brancard, je fais part à mon cocher de mes craintes passées.

— Comment, me dit-il avec étonnement, un gardien des portes oserait-il les fermer malgré votre défense? Il perdrait sûrement sa tête à ce jeu-là. Il n'est pas un fonctionnaire, à Pékin, qui ose résister aux occidentaux, tous les jours en communication avec les régents de l'empire. Ainsi la loi défend expressément aux *Cent familles* (¹) de monter sur les remparts de la ville, de pénétrer dans les enceintes du Palais d'été, et cependant vos compatriotes peuvent s'y promener en toute liberté.

Mon homme avait bien un peu raison ; un grand nombre de consignes auxquelles tous les chinois doivent se soumettre ont été et sont continuellement violées par les occidentaux, sans que le pouvoir exécutif se formalise de cette singulière façon d'interpréter les lois jaunes qui consiste à les déclarer inapplicables aux blancs. Cependant, il est une consigne que jaunes et blancs sont également tenus d'observer : c'est celle qui défend, sous peine de mort, à tout être humain de franchir le seuil de la ville interdite, — Tsin-Tchen, — sans un ordre du Fils du ciel. Comme collectionneur, je regrette fort que ce règlement nous soit aussi appliqué à nous autres Européens, car je suis convaincu que le palais des souverains chinois doit renfermer une collection d'émaux cloisonnés de toute beauté, qui m'aurait fourni de nombreux matériaux pour la rédaction de l'étude que l'on vient de lire.

Me voici arrivé chez moi. Je donne congé à mon cocher, pour longtemps sans doute, car si je veux continuer mes études sur l'émaillerie chinoise, je devrai me transporter à Canton, qui est pour les émaux peints ce qu'est Pékin pour les émaux cloisonnés.

Maurice JAMETEL.

(¹) Les Cent familles pour le peuple chinois. Allusion aux annales jaunes qui prétendent que la nation chinoise fut formée par cent familles réunies sous l'autorité d'un seul chef, dont les Fils du Ciel actuels seraient tous les descendants plus ou moins authentiques.

www.ingramcontent.com/pod-product-compliance
Lightning Source LLC
Chambersburg PA
CBHW060927050426
42453CB00010B/1887